AF229785

LES VÉRITABLES

PRINCIPES DE 89

DOCUMENT HISTORIQUE
PEU CONNU

SERVANT·A DÉMONTRER

que les libertés inaugurées par **LOUIS XVI**

et entravées par la Révolution

ne peuvent être réalisées que par la Monarchie légitime

Par Am. Saintin

Typographe

Veritas liberabit vos.
La vérité vous donnera la liberté.

PARIS

LACHAUD ET BURDIN

LIBRAIRES-ÉDITEURS

4, PLACE DU THÉATRE-FRANÇAIS, 4

1873

A

MESSIEURS LES DÉPUTÉS

A L'ASSEMBLÉE NATIONALE

RÉUNIS

POUR DÉLIBÉRER SUR LES DESTINÉES FUTURES

DE LA FRANCE

—

Considérations sur les conséquences de leurs décisions, au point de vue de la classe ouvrière

Par un de ses Membres,

A. SAINTIN,

Correcteur à l'imprimerie de Boulogne (Seine).

LES VÉRITABLES

PRINCIPES DE 89

I.

Depuis près d'un siècle la Société française cherche sa voie sans la trouver. — Elle a essayé successivement toutes les formes de gouvernement, et tous ses gouvernements, après quelques années d'une existence tourmentée, ont dû céder la place à un nouvel essai qui ne devait pas durer davantage.

Ce n'est donc pas à la forme qu'il faut attribuer l'instabilité de nos institutions. — C'est aux fondations mêmes qu'il faut s'en prendre du peu de solidité de notre édifice social.

Il faut reconnaître aussi que l'ignorance joue un grand rôle dans l'incertitude qui divise tous les esprits — parce que l'esprit de parti a dénaturé tous les faits.

Le siècle qui vient de s'écouler a été, pour la France, une

période de mensonges. — Ses écrivains, les plus en faveur, lui ont innoculé un profond amour du faux. — Il est vrai que le pouvoir du mensonge aujourd'hui est immense, et, pour se convaincre de ses conséquences désastreuses, il suffit de tourner les yeux sur le lit de douleur où la noble nation française est étendue, souffrant d'une maladie cruelle, mais non mortelle.

Puisque le mensonge et l'erreur sont les principales causes de son mal, le remède est dans l'étude et la connaissance de la vérité.

C'est donc contribuer à sa guérison, et en même temps, être utile à un grand nombre de personnes que de mettre sous leurs yeux des documents au moyen desquels elles puissent apprécier, à leur juste valeur, les deux systèmes entre lesquels notre Société éprouve une oscillation continuelle.

A la veille de prendre un parti décisif, la France doit jeter un regard rétrospectif sur elle-même, se recueillir et ne se décider qu'avec connaissance de cause.

Tout le monde parle des principes de 1789, et bien peu de personnes les connaissent. — D'où vient donc que ces mystérieux oracles n'ont pas la même signification pour tous? — C'est que, comme toutes les formules vagues, ils n'ont de valeur que par le sens qu'on y attache. Cela tient surtout à ce qu'on les confond avec la Constitution de 1791.

Les principes de 1789 n'ont point été publiés en un corps de doctrine: pour les connaitre, il faut recourir aux Cahiers des bailliages.

Ils sont le résumé de la volonté nationale exprimée dans ces cahiers, rédigés dans les assemblées des bailliages et remis à des mandataires, obligés, par-serment, à les faire prévaloir dans l'assemblée des Etats généraux.

Qu'en advint-il ? — Les Etats généraux ayant été dissous par la retraite du tiers-état, avant d'avoir accompli leur mandat, la volonté du peuple est restée lettre morte...

En se constituant en Assemblée nationale, le 17 juin 1789, le tiers-état s'attribuait la puissance de la nation, et transformait de simples commis du peuple en représentants absolus.

Cette étrange déclaration anéantissait les trois Ordres et déchirait les cahiers des bailliages.

Cette Chambre du tiers, devenue souveraine par sa seule volonté, rédigeait une nouvelle constitution qu'elle fit précéder de la déclaration des droits de l'homme.

Telle est l'origine des principes de 1791. Telle est aussi la cause de leur confusion avec les principes de 1789.

Cette constitution et les principes qu'elle contient ne sont donc, en réalité, que l'expression de la volonté des mandataires substituée à la volonté de leur commettants. — C'est elle cependant qui a prévalu, et, malgré son existence éphémère, elle a servi de type à toutes celles qui lui ont succédé.

Aujourd'hui, la question se pose carrément. — Il s'agit de savoir si l'on doit revenir aux principes de 1789, ou continuer à suivre les errements de 1791.

Après avoir parcouru, depuis plus de quatre-vingts ans, tout le cercle des utopies, la force des choses nous ramène face à face à ces principes de 89, tant invoqués par les faiseurs de constitutions et si mal interprétés par ceux-là mêmes qui se vantaient de les expliquer...

Pour mettre le lecteur à même de juger des différences et des contradictions qui existent entre ces principes de 89 et ceux de 91, et lui permettre de se former une opinion raisonnée, nous allons mettre sous ses yeux les pièces du procès.

II.

LES PRINCIPES DE 1789
D'APRÈS LES CAHIERS DES BAILLIAGES

La fin malheureuse du règne brillant de Louis XIV avait affaibli la royauté — la régence l'avait flétrie ; le long règne de Louis XV avait accru cette faiblesse et cette corruption. Lorsque ce prince mourût, le 10 mai 1774, il laissait à son successeur la pénible tâche de reconquérir son royaume ; conquête plus difficile que celle qu'avait accomplie son aïeul Henry IV.

La nation avait fait scission avec la couronne : — Le roi n'était plus l'Etat.

Tous les anciens ressorts étaient brisés ; chacun, sentant vaguement qu'une dissolution générale était proche, pressentait un cataclysme inévitable.

Le désordre était partout : les prêtres avaient oublié la religion — les militaires, la discipline — les magistrats, la justice — les femmes, la pudeur.

Dès que les choses étaient ainsi, la nation et le roi devaient en arriver à devenir ennemis — jusqu'au jour où l'un des deux disparaîtrait devant l'autre.

La noblesse ne formait plus un corps assez compacte et assez puissant pour rien tenter — à part quelques protestations isolées, on voit les seigneurs se laisser maîtriser par leurs habitudes dissolues — et, par une inconcevable légèreté, se mettre à la tête du mouvement qui s'opérait, sans examiner et sans réfléchir où il les conduirait.

Par leurs alliances, leurs habitudes et leurs plaisirs, les gentilshommes s'étaient confondus avec la bourgeoisie, sans conserver aucune démarcation politique ou morale.

N'ayant plus droit à des priviléges et à des distinctions purement traditionnels, leur position étaient devenue insoutenable pour eux et pour la Nation.

Leur alliance avec les hommes de lettres et les philosophes était une faute contre leurs propres intérêts — après avoir aidé à ruiner toutes les institutions dont ils étaient les défenseurs nés, pensaient-ils donc qu'on les épargnerait ?

A voir cette société brodée, poudrée, musquée ; si élégante dans manières et son langage, si frivole dans sa conduite, qui eût pu croire qu'elle portait dans ses flancs la plus furieuse révolution que l'histoire puisse raconter ?

Mais combien cette enveloppe d'esprit, de galanterie et de gaieté cachait d'énergie et de colère!

Celui qui aurait pu écouter et entendre les conversations qui se tenaient dans ces petites maisons discrètes, dans ces jolis appartements dorés et soyeux, entre deux débauches, de la table et de l'amour, eût frémi d'entendre les doctrines qu'on y développait!

— Quelle audace dans les paroles des gens d'esprit!

— Quelle folie dans les applaudissements des seigneurs!

— Que de haine et de persiflage dans les premiers! — que de dédain et de familiarité dans les seconds!

— Les bourreaux et les martyrs semblaient déjà se deviner!

Telle était la société, quand Louis XVI, âgé seulement de de vingt ans, succéda à Louis XV, son aïeul.

Louis XVI, prince éclairé, instruit, mais sans expérience, faible par irrésolution et défiance de lui-même, mais juste et voulant sincèrement le bonheur de son peuple.

Placé entre un parlement qui le harcelait et le bravait et des ministres empiriques; lassé d'être tour à tour le jouet d'un présomptueux Necker, véritable type de l'aristocratie d'argent, d'un Calonne étourdi, ou d'un despotique Brienne, qui n'apportaient tous que des projets mal conçus, mal combinés — et plus mal encore exécutés — Louis XVI résolut de consulter la nation.

Il ordonna la convocation des Etats généraux.

En appelant auprès de lui les mandataires du peuple, Louis XVI voulut qu'ils apportassent l'expression de tous les vœux de leurs commettants — il voulait connaître toutes les plaintes — satisfaire à toutes les demandes justes — remédier à tous les abus — améliorer et perfectionner toutes les institutions — créer celles qui seraient reconnues nécessaires.

Le clergé et la noblesse formaient les deux premiers ordres de l'Etat.

— En raison de l'instruction, des études, des connaissances plus répandues dans les hommes de ces deux ordres que dans les classes vulgaires, — tous les membres de ces deux ordres furent appelés à concourir à la rédaction de leurs cahiers et à la nomination de leurs mandataires.

A l'égard du troisième ordre, le roi sentit qu'il était plus difficile de parvenir à une rédaction claire et précise de ses cahiers. — Pour obtenir ce résultat, tous les habitants des villes, des bourgs, des paroisses, furent tenus de s'assembler, de rédiger le cahier de leur plaintes et de leurs doléances, et de nommer des députés chargés de le porter dans une autre assemblée.

Dans cette seconde assemblée, tous les cahiers des bourgs et des paroisses devaient être refondus en un seul — puis ces seconds cahiers, portés par de nouveaux députés, devaient être réunis à l'assemblée générale du bailliage.

C'est dans cette dernière assemblée que la volonté nationale était vraiment connue et résumée.

C'est dans ces assemblées bailliagères que tous les hommes éclairés présentèrent leurs vues, proposèrent leurs moyens et confièrent à de nouveaux députés le soin de les faire valoir à l'assemblée des États.

Cette marche, tracée par le règlement du roi, le 4 janvier 1789, était sage, politique, et aujourd'hui elle serait encore véritablement libérale.

Ce fut dans ces assemblées générales que les cahiers définitifs furent arrêtés et que les députés des États généraux prêtèrent serment de fidélité aux mandats dont ils furent chargés.

Jamais un grand peuple ne fut appelé plus solennellement, plus universellement à exprimer ses vœux, — et soit qu'on fasse résider la souveraineté dans le peuple, comme aujourd'hui, — soit qu'elle réside ailleurs et plus haut, — toujours est-il que les députés aux États généraux n'étaient que des mandataires obligés, par serment et par devoir, à faire prévaloir les volontés de leurs commettants.

Aucune puissance, pas même le roi, ne pouvait les contraindre à violer ce serment, et rien ne pouvait les absoudre de leur infidélité.

La légitimité, qui embrasse toutes les parties fondamentales d'un État, était donc tout entière dans les cahiers des bailliages de 1789.

L'histoire dira que, malgré l'effervescence qui agitait

alors les esprits, tous les cahiers du bailliage furent rédigés dans le même sens — tous s'accordèrent sur les points fondamentaux de la constitution française.

Tous, enfin, contenaient les mêmes déclarations que l'histoire a enregistré sous le nom de *principes de 1789*.

Le nation, loyalement consultée, a dit librement ce qu'elle voulait.....

Voici sommairement ce que disaient ces cahiers :

— Le gouvernement français, vraiment monarchique, et devant demeurer tel.

— La couronne héréditaire de mâle en mâle, suivant l'ordre de progéniture dans la race régnante.

— La personne du roi inviolable et sacrée: dans le cas d'extinction de toutes les branches royales, la nation devant rentrer dans le droit d'élire celui qu'elle jugerait digne de régner.

— La religion catholique seule dominante, et qui eût un culte public en France.

— Les Etats généraux pouvant seuls, à l'avenir, pourvoir à l'état de la régence, dans le cas où elle serait nécessaire.

— La puissance législative devant être exercée par les députés de la nation, conjointement avec son chef.

— Les lois devant être sanctionnées par le roi, à qui seul appartient la plénitude du pouvoir exécutif.

— Le pouvoir judiciaire, exercé au nom du roi, par des Juges, qui ne pourraient dans aucun cas participer ni s'opposer aux actes législatifs, et dont les fonctions seraient indépendantes de tout acte du pouvoir exécutif.

— Les limites des différents pouvoirs devant être fixées clairement et de manière qu'ils ne pusent jamais être confondus.

— La liberté des personnes mise à l'abri des ordres illégaux et de toute atteinte.

— Tous les asservissements personnels abolis.

— La liberté de la presse, sauf les préservatifs nécessaires pour l'ordre public.

— Le secret des lettres inviolable.

— Les ministres responsables envers la nation, et le mode de leur responsabilité réglé par les députés.

— Le droit de propriété sacré, personne ne pouvant être privé d'aucune partie de sa propriété quelconque, même à raison d'intérêt public, sans une juste et préalable indemnité.

— Aucun impôt ne devant être levé sans le consentement de la nation.

— Le renouvellement périodique et sans longs intervalles de l'assemblée des États.

— L'établissement, dans tout le royaume, des États provinciaux et des municipalités électives.

— Tous les citoyens également soumis à la loi et à l'impôt; tous susceptibles de parvenir aux emplois ecclésiastiques, civils et militaires.

— La noblesse accordée, à l'avenir, seulement pour récompense de services importants rendus à l'État, aucune profession utile n'y pouvant faire déroger.

— La justice rendue gratuitement ; la vénalité des charges abolie ; le choix des juges réservé au Roi ; les juges inamovibles et ne pouvant être destitués que pour forfaiture jugée.

— Nul ne pouvant être soustrait à ses juges naturels.

— Établissement d'un tribunal supérieur dans chaque province.

— Commissions extraordinaires déclarées illégales et défendues.

— Répartition des impôts consentis par la nation, faite par les Etats provinciaux, proportionnellement entre tous les contribuables sans exception ; le montant de leur produit, le compte de leur emploi et celui des charges de l'Etat rendus publics tous les ans par la voie de l'impression.

— Toutes les dépenses des départements (ministères) fixées par chaque assemblée des Etats généraux.

— La dette publique, vérifiée et reconnue par eux, déclarée dette nationale et acquittée par paiements réels; aucun papier-monnaie ne pouvant être établi.

— Le roi, comme essentiellement dépositaire du pouvoir

exécutif et chef suprême de la nation, ayant le commandement de toutes les forces de terre et de mer, demeurant chargé de pourvoir à la défense du royaume et de faire la guerre ou la paix.

— Le militaire ne pouvant être employé que pour la défense de l'Etat et ne pouvant l'être contre les citoyens, que dans les cas prévus par une loi positive, ou contre des rebelles, proscrits par la nation.

— La disposition des emplois et grades militaires, de même que celle de tous les emplois publics et des principales places d'administration continuant d'appartenir au roi, qui est et doit toujours être la source de toutes grâces, distinctions et honneurs dans le royaume.

— Aucun militaire ne pouvant être destitué sans jugement préalable, etc., etc.

Tous ces articles fondamentaux étaient accompagnés d'une série d'autres qu'on peut en regarder comme les corollaires naturels et qui tenaient également à l'intérêt général de la nation.

Voilà bientôt un siècle que ces cahiers, violemment déchirés et scandaleusement foulés aux pieds, sont ensevelis sous les ruines de l'ancienne monarchie et sous les décombres de sept ou huit constitutions, que la violence a tour à tour élevées et précipitées les unes sur les autres.

Il paraîtra peut-être étrange, ou tout au moins bizarre, de rappeler de l'oubli ce grand monument de la volonté d'une nation éclairée, — librement exprimée.

Mais ce monument appartient à l'histoire.

Lorsque le temps qui mine tout, aura fait justice de nos opinions et de nos systèmes, de nos doctrines et de nos dogmes politiques, de nos haines, de nos fureurs, de nos passions et de nos factions, la postérité, de sa main impartiale et sévère, exhumera des débris de nos institutions ces cahiers impérissables, pour servir de sentence contre ceux qui ne surent ni les faire prévaloir, ni les défendre, ni les invoquer, et qui, parjurant leurs serments, sacrifièront leur mandat à leur coupable ambition.

III

Les députés aux Etats généraux étaient à peine réunis que des discussions s'élevèrent entre les trois Ordres au sujet de la vérification de pouvoirs. — De futiles questions d'amour-propre, telles que : le costume à adopter et la dénomination à donner aux Etats, vinrent encore augmenter les dissidences.

Dans l'espoir de mettre tout le monde d'accord, le Roi fit annoncer une séance Royale, et, en raison des préparatifs à faire, la chambre des Etats fut momentanément fermée.

Cette circonstance fut exploitée par des esprits malveillants, aigris ; une réunion tumultueuse eut lieu irrégulièrement dans un jeu de Paume.

Les députés du tiers état s'y rendirent en foule, et jurèrent de ne se séparer qu'après avoir voté une Constitution.

Ils firent appel aux membres des deux autres Ordres qui voudraient se joindre à eux et cette nouvelle Assemblée, ainsi tronquée, qui ne représentait plus qu'une partie de la nation, s'arrogea le droit de rédiger, sur de nouvelles bases, et sans tenir compte de leur mandat, une Constitution qui fut discutée et votée, pendant qu'au dehors le peuple, surexcité par les clubs, démolissait, morceau par morceau, tous les vestiges de l'ancienne société.

Ce fut donc au milieu des convulsions de cette agonie douloureuse que la Constitution de 91 vit le jour. De cette constitution éphémère, il n'est resté, comme document historique que la déclaration des Droits de l'homme, qui résume en elle ce que l'on est convenu d'appeler les principes de la Révolution. C'est donc cette déclaration qu'il nous importe d'analyser.

DÉCLARATION DES DROITS DE L'HOMME, PLACÉE EN TÊTE
DE LA CONSTITUTION DE 1791.

« Les représentants du peuple français, constitués en Assemblée nationale, considérant que l'ignorance, l'oubli ou le mépris des Droits de l'homme sont les seules causes des malheurs publics et de la corruption des gouvernements, ont résolu d'exposer, dans une déclaration solennelle, les droits naturels, inaliénables et sacrés de l'homme, afin que cette déclaration, constamment présente à tous les membres du corps social, leur rappelle sans cesse leurs droits et leurs devoirs ; afin que les actes du pouvoir législatif et ceux du pouvoir exécutif, pouvant être à chaque instant comparés avec le but de toute institution politique, en soient plus respectés ; afin que les réclamations des citoyens, fondées désormais sur des principes simples et incontestables, tournent toujours au maintien de la Constitution et au bonheur de tous.

En conséquence, l'Assemblée nationale reconnait et déclare; en présence et sous les auspices de l'Etre suprême, les droits suivants de l'homme et du citoyen :

Art. 1. — Les hommes naissent et demeurent libres et égaux en droits; les distinctions sociales ne peuvent être fondées que sur l'utilité commune.

Art. 2. — Le but de toute association politique est la conservation des droits naturels et imprescriptibles de l'homme. Ces droits sont : la liberté, la propriété, la sûreté et la résistance à l'oppression.

Art. 3. — Le principe de toute souveraineté réside essentiellement dans la nation; nul corps, nul individu, ne peut exercer d'autorité qui n'en émane expressément.

Art. 4. — La liberté consiste à pouvoir faire tout ce qui ne nuit pas à autrui : ainsi, l'exercice des droits naturels de chaque homme n'a de bornes que celles qui assurent aux autres membres de la société la jouissance de ces mêmes droits. Ces bornes ne peuvent être déterminées que par la loi.

Art. 5. — La loi n'a le droit de défendre que les actions nuisibles à la société. Tout ce qui n'est pas défendu par la loi, ne peut être empêché, et nul ne peut être contraint à faire ce qu'elle n'ordonne pas.

Art. 6. — La loi est l'expression de la volonté générale. Tous les citoyens ont droit de concourir personnellement, ou par leurs représentants, à sa formation. Elle doit être la même pour tous, soit qu'elle protége, soit qu'elle punisse. Tous les citoyens, étant égaux à ses yeux, sont également admissibles à toutes les dignités, places et emplois publics, selon leur capacité, et sans autre distinction que leurs vertus et leurs talents.

Art. 7. — Nul homme ne peut être accusé, arrêté ni détenu que dans les cas déterminés par la loi, et selon les formes qu'elle a prescrites. Ceux qui sollicitent, expédient, exécutent ou font exécuter des ordres arbitraires doivent être punis; mais tout citoyen, appelé ou saisi en vertu de la loi, doit obéir à l'instant, il se rend coupable par la résistance.

Art. 8. — La loi ne doit établir que des peines strictement et évidemment nécessaires, et nul ne peut être puni qu'en vertu d'une loi établie et promulguée antérieurement au délit, et légalement appliquée.

Art. 9. — Tout homme étant présumé innocent jusqu'à ce qu'il ait été déclaré coupable, s'il est jugé indispensable de l'arrêter, toute rigueur qui ne serait pas nécessaire pour s'assurer de sa personne, doit être sévèrement réprimée par la loi.

Art. 10. — Nul ne doit être inquiété pour ses opinions,

même religieuses, pourvu que leur manifestation ne trouble pas l'ordre public établi par la loi.

Art. 11. — La libre communication des pensées et des opinions est un des droits les plus précieux de l'homme; tout citoyen peut donc parler, écrire, imprimer librement, sauf à répondre de l'abus de cette liberté dans les cas déterminés par la loi.

Art. 12. — La garantie des droits de l'homme et du citoyen nécessite une force publique; cette force est donc instituée pour l'avantage de tous, et non pour l'utilité particulière de ceux auxquels elle est confiée.

Art. 13. — Pour l'entretien de la force publique, et pour les dépenses d'administration, une contribution commune est indispensable; elle doit être également répartie entre tous les citoyens, en raison de leurs facultés.

Art. 14. — Tous les citoyens ont le droit de constater par eux-mêmes, ou par leurs représentants, la nécessité de la contribution publique, de la consentir librement, d'en suivre l'emploi, et d'en déterminer la quotité, l'assiette, le recouvrement et la durée.

Art. 15. — La société a le droit de demander compte à tout agent public de son administration.

Art. 16. — Toute société dans laquelle la garantie des droits n'est pas assurée, ni la séparation des pouvoirs déterminée, n'a point de constitution.

Art. 17. — La prospriété étant un droit inviolable et sacré, nul ne peut en être privé, si ce n'est lorsque la nécessité publique, légalement constatée, l'exige évidemment, et sous la condition d'une juste et préalable indemnité. »

Lorsque l'Assemblée nationale eût proclamé les droits de l'homme, la Révolution devenait un fait accompli...

Elle avait dit au peuple : Dorénavant, l'Etat c'est toi ! Nul autre droit n'est sacré que le tien ! C'est le tien qui *fera la loi, — qui créera la justice, — qui dictera la vérité !* — Désormais, tu seras toi-même souverain absolu, infaillible ; plus de chefs que ceux que tu auras choisis, — plus d'autre dogme politique, religieux ou social, que celui qu'il te conviendra d'admettre.

En déplaçant ainsi le principe d'autorité, et en excluant Dieu de la Société, — la doctrine qui fait dériver le pouvoir des volontés de l'homme, ou qui, en d'autres termes, attribue à l'homme la faculté de créer le pouvoir, lui attribue également la faculté de créer la loi.

La loi n'est plus que la volonté de l'homme, ou, selon Rousseau : « La loi est l'expression de la volonté générale.» —Or, la volonté générale étant toujours réputée droite, les lois sont toujours réputées justes...

Le peuple crée donc la justice — comme il crée la loi !... — Il n'est pas même nécessaire que ses volontés soient raisonnables : l'essence de la loi consistant *non dans la raison* mais *dans la volonté !* — Le peuple n'a pas besoin de raisons pour valider ses actes. — Il peut légitimement ce qu'il veut — même s'anéantir. — Car, dit Rousseau : « S'il plaît au peuple de se faire mal à lui-même, qui est-ce qui a le droit de l'en empêcher?... »

— N'est-ce pas la théorie du désordre et de la mort sociale?

Il ne faut pas se le dissimuler, c'était là le véritable esprit caché sous le nom vague et nuageux de *principes modernes*, qui se trouvaient formulés dans la déclaration des droits de l'homme.

Une nouvelle ère de lumière, de bien-être et de liberté allait s'ouvrir pour les hommes et les peuples, et, afin d'atteindre le but si digne d'envie, *la Raison* était proclamée seule religion d'Etat...

— Il est difficile, après quatre-vingts ans de désenchantement et de déception, de se figurer l'enthousiasme et l'ivresse avec lesquels le pays tout entier accueillit ces formules et crut sincèrement qu'il suffisait de les décréter pour les rendre vraies, justes et fécondes, et pour changer la face du monde.

Quel bien ont-elles produit en réalité, ces formules? Qu'on nous cite une seule vertu, une seule vérité, qu'ait proclamée la Révolution, et que l'Evangile n'ait enseignée avant elle !

— Parler aux hommes de leurs droits, sans leur enseigner en même temps leurs devoirs, c'est leur cacher une vérité fondamentale, à savoir : Que le droit n'est jamais que la conséquence d'une obligation préalable. — Le droit de propriété découle de l'obligation de respecter le bien d'autrui. Il en est de même de tous les autres droits. — Tout droit qui n'est pas fondé sur un devoir est un abus. Par contre, toute obligation qui n'engendre pas un droit est inique.

Ainsi, le droit au travail est implicitement contenu dans l'Evangile, parce qu'il fait à tout homme riche ou pauvre une loi du travail ; tandis que la loi civile, en reconnaissant au riche le droit d'user et d'*abuser* de sa fortune, légalise l'oisiveté, et, comme conséquence, dénie le droit au travail.

L'Evangile contient donc là le germe d'une vérité sociale, qui n'a pas encore reçu son application, et qui mérite de fixer toute l'attention des véritables amis de l'humanité.

Mais ce n'est jamais par un sentiment désintéressé que les flatteurs du peuple lui parlent de ses droits.

En effet, non-seulement ces novateurs trompent la multitude en lui présentant une vérité falsifiée, mais en même temps ils exploitent ceux qu'ils ont trompés.

Ils ne leur parlent de liberté que pour leur ravir leurs biens les plus chers et les conduire à la servitude. — Tous leurs efforts n'ont d'autre raison d'être que de trouver une façon plus douce et plus commode d'user de la fortune et du pouvoir. — Leur prétendu dévouement est un moyen déguisé d'en prendre une plus grande part pour soi et, par conséquent, de diminuer celle des autres. — C'est un stratagème des plus forts pour s'emparer des biens, des femmes ou de l'autorité d'autrui, et toute leur conduite est une atteinte à la morale, à la justice, au droit, et avant tout à la liberté générale.

Les droits de l'homme, ainsi formulés, sont une œuvre plus philosophique que politique.

On peut les considérer avec raison comme le testament

de la philosophie du XVIII⁰ siècle, avec Danton, Marat et Robespierre pour exécuteurs testamentaires.

IV.

INFLUENCE DES PRINCIPES DE 1791 SUR LE XIX⁰ SIÈCLE.

Le roi avait sanctionné les droits de l'homme, reconnu la Constitution — accédé à toutes les demandes, mais il ne pouvait satisfaire toutes les ambitions déchainées.

Ceux qui étaient arrivés, se bornaient à dire : la révolution est faite ; et ceux qui étaient encore en route, répondaient : « A force de dire que la révolution est faite, nous n'aurons pas de révolution. »

Pendant que les ambitieux déchiraient la France à l'intérieur, nos ennemis, profitant de nos discordes, soulevaient les colonies ; l'Espagne fournissait des armes, l'Angleterre promettait des secours et provoquait à Saint-Domingue les massacres et l'incendie.

A l'aspect de cette conflagration, Pitt qui, pendant vingt ans, n'avait vu dans le long martyr de l'espèce humaine qu'une spéculation de commerce, disait avec joie « les Français prendront le café au caramel. ».....

N'est-ce pas encore aujourd'hui le même sentiment qui anime les ennemis de la France ?

Nos divisions ne font-elle pas leur joie ?

Etudions un peu la politique de nos ennemis, et que leur
conduite serve de règle à la nôtre. — Les princes autori-
taires d'Allemagne ne nous donnent-ils pas l'étrange spec-
tacle de les voir s'allier aux radicaux de France et aux révolutionnaires de tous les pays contre les catholiques. —
C'est qu'ils ont bien compris qu'il n'y avait qu'une seule
force capable de lutter avantageusement contre leur sys-
tème d'envahissement, et cette force : c'est le catholicisme.
En effet, si la France avait un gouvernement franchement
catholique, elle rallierait autour d'elle tous les catholiques
de l'Europe, et partant les deux cinquièmes de l'Allemagne.
— Le gouvernement de Berlin le sait bien, et ce danger il
veut le conjurer à tout prix. — C'est là le mobile des persé-
cutions que le prince de Bismark fait subir aux catholiques
partout où s'exerce son influence. — L'anéantissement du
catholicisme est le but qu'il poursuit, et sa haine contre
la France s'accroît de toute la terreur que le catholicisme
lui inspire.

Mais c'est en vain qu'il fait cause commune avec les radicaux pour amener sa ruine. — Il travaille sans le savoir à
son affermissement. — Le catholicisme est une lime d'acier,
contre laquelle de plus forts que lui ont usé leurs dents, —
c'est une plante vivace qui a poussé en France de trop pro-
fondes racines pour en être aisément arraché. — L'arbre a
beau être émondé, — mutilé, — haché, — transplanté, —
foulé aux pieds, — il pousse des rejetons sous le fer, — il
reparaît où on l'a chassé, — il renaît plus vigoureux sous
les coups qu'on lui porte. — Non, il n'en est pas fini de la
religion du Christ !,,, C'est en vain qu'on élève des statues

à l'incrédulité. — Le christianisme survivra, — tranchons le mot, — le catholicisme l'éternisera, et c'est à lui que la France devra un jour son salut et sa résurrection.

Que l'expérience du passé ne soit donc pas perdue pour l'avenir, et pour mieux nous diriger dans la ligne qu'il faut suivre, jetons un regard rétrospectif sur ce passé si plein d'illusions et de déceptions.

Pour consoler la France de tous les fléaux qui l'accablèrent à la fin du XVIII⁰ siècle — la révolution promettait à la génération suivante une ère de bonheur et de prospérité inouïe jusqu'à ce jour.

L'heure était venue, où, sorties de leurs berceaux, les nations étaient assez fortes pour se gouverner elles-mêmes.— La *Raison pure* devait se dégager de toute forme religieuse, et la nature humaine, livrée à ses seules aspirations, était redevenue si bonne, que la liberté n'avait plus besoin de protection ni de limites.

Désormais, pour être heureux, l'homme serait dispensé de la foi et des sacrifices qu'elle impose — affranchi des imperfections et des injustices sociales qu'elle l'obligeait à subir et à respecter. — Le peuple étant, par lui-même, le plus fort et le plus vertueux, qu'avait-il encore besoin de l'Eglise ou de l'Etat? et pour les supprimer ne lui suffisait-il pas de le vouloir ?

Si cette expérience réussissait, elle devait rendre inutile toute religion et toute souveraineté — toute inégalité sociale, peut-être même, toute propriété, et faire cesser pour toujours la guerre de la force matérielle et de la force morale.....

L'expérience s'est faite sous nos yeux, et, à l'heure où nous sommes, *elle est bien près d'être complète.* — Nous allons la suivre et établir que ces principes, contraires à la véritable nature de l'homme, n'ont fondé ni la liberté religieuse, ni la liberté politique, ni la liberté sociale, ni le bien-être dans les masses, ni l'égalité chez les citoyens; qu'ils n'ont pu tenir aucune de leurs promesses, — que ce n'est qu'en violant tous les jours ces prétendus principes régénérateurs, que le Pouvoir, lors même qu'il les invoquait, a pu subsister; — et pour se défendre contre eux de leur action dissolvante, ce même pouvoir a été condamné à restreindre de plus en plus toutes les libertés promises.—Prises au sérieux, ces formules ne peuvent aboutir qu'à la pire des autocraties et à la pire des féodalités, c'est-à-dire au pouvoir absolu de l'or et de la force; enfin, au césarisme. — Il ne nous reste plus qu'une épreuve à subir, celle qui enfantera l'anarchie, dernière limite du mal.....

Il est temps de faire justice d'une pareille doctrine, — de séparer nettement les aspirations généreuses, des illusions insensées; — le vrai peuple, — des exploiteurs privilégiés, qui vivent à ses dépens; enfin, l'erreur de la vérité.

Le problème social est donc loin d'être résolu; loin de là, il ne fait que grandir, — il préoccupe tous ceux qui ont l'intelligence de leur temps et le sentiment de la véritable fraternité.....

« Par quelle fatalité le mot travail, si glorieux pour la civi-
« lisation moderne, est-il aujourd'hui parmi nous un cri de
« guerre, une source de désastres ? »

Cette question, posée par M. Guizot en 1849, est loin d'être résolue en 1873.

Tout le monde se plaint — le mal est donc facile à constater. Dans un maniteste du 20 février 1864, les ouvriers parisiens s'exprimaient ainsi :

« Le suffrage universel nous a rendus majeurs politiquement, mais il reste à nous émanciper socialement.

« La liberté, que le tiers-état a su conquérir avec tant de vigueur et de persévérance, doit s'étendre, en France, à tous les citoyens.

« On a répété à satiété qu'il n'y a plus de classes, que, depuis 89, tous les Français sont égaux; — mais nous, qui n'avons d'autres propriétés que nos bras,—nous, qui subissons tous les jours les conditions légitimes ou arbitraires du capital,—nous, qui vivons sous des lois exceptionnelles, qui portent atteinte à nos intérêts et à notre dignité; il nous est bien difficile de croire à cette affirmation.

« Nous, qui, dans un pays où nous avons le droit de nommer des députés, n'avons pas toujours le moyen d'apprendre à lire.

« Nous, dont les enfants passent souvent leurs plus jeunes ans dans le lieu démoralisant et malsain des fabriques, ou dans l'apprentissage, qui n'est guère qu'un état voisin de la domesticité. — Nous, dont les femmes désertent forcément le foyer pour un travail excessif contraire à leur nature et détruisant la famille.....

« Nous affirmons que l'égalité écrite dans la loi n'est pas

dans les mœurs, et qu'elle est encore à réaliser dans les faits.

« Nous allons voir se constituer une aristocratie financière : les petits bourgeois, comme les ouvriers, ne seront bientôt plus que ses serviteurs..... »

Ces plaintes ne sont que trop fondées.

Mais n'est-ce pas la conséquence toute naturelle de la *liberté illimitée* du travail, conquise en 1791 ?

L'ancienne société avait pour base la solidarité. Ce principe, vous le voyez établi à tous les degrés de l'échelle sociale. Le seigneur était le protecteur-né du travailleur sur ses domaines, autant par devoir que par intérêt, et cette protection le suivait, lui et les siens, depuis la naissance jusqu'à la mort. — Dans les villes, la solidarité était l'âme des corporations, et dans les familles tous ses membres étaient solidaires. — Qu'a fait la Révolution ? Elle a brisé tous les liens qui rattachaient l'homme à l'homme, et au nom de la liberté, chaque homme a été abandonné à lui-même. Elle a créé l'individualisme et le prolétariat, — la plaie de la société moderne. — Qu'en est-il résulté ? — Plus le pauvre a gagné en liberté plus il a perdu en sécurité.

La bourgeoisie a hérité des biens de la noblesse sans hériter de ses charges. — L'égoïsme est devenu sa règle. « Chacun pour soi et Dieu pour tous, » telle est la maxime dissolvante de la société moderne.

Si cette liberté sans frein a eu pour résultat de condamner le prolétaire à une misère plus grande, peut-être a-t-il gagné en moralité?..... Laissons la parole à M. Jules Simon, il va nous édifier à ce sujet :

« Quand même (dit-il dans l'*Ouvrière*), il y aurait une coalition de toutes les municipalités de France pour clôturer les cabarets..... — Quand même tous les patrons feraient à l'ivrognerie une guerre à mort, on ne la vaincra pas, *si on ne porte le remède jusque dans le cœur*..... Il en est de même du libertinage.....

« De toutes jeunes filles sont entassées dans un atelier avec des enfants ou des femmes d'un certain âge, la plupart sans moralité ; — qui veille sur elles ? un contre-maître, chargé seulement de diriger et d'activer leur travail ; le reste ne le regarde pas.

« Si la fillette est jolie et le contre-maître libertin, il abuse, pour la mettre à mal, de l'autorité qu'il a sur elle ; le patron ferme les yeux.

« Les jeunes ouvrières, qui ne retrouvent le soir qu'un père abruti par l'ivresse, une mère sans conduite et sans principes, ont-elles une chance, une seule, d'échapper à la corruption ?.....

« — Il est, en vérité, difficile de croire que la corruption des mœurs soit plus grande à Paris qu'à Saint-Quentin, à Reims, à Rouen, à Lille ; car on ne voit pas ce que l'imagination pourrait ajouter aux ravages de la prostitution et de l'inceste dans nos grandes villes manufacturières.

« — C'est une triste réflexion à faire que tous les changements opérés dans nos habitudes, ont eu pour résultat de rendre la vie de famille de plus en plus indifférente aux hommes et de plus en plus nécessaire aux femmes.

« — Quand on demande aux fabricants, si l'élévation des salaires a une influence favorable sur la moralité des ouvriers, ils répondent presque tous que *le contraire est précisément le vrai.* »

« — M. Villermé a fait la même remarque : On croit communément que de forts salaires sont une garantie de moralité, cependant les ouvriers les mieux rétribués ne sont pas les plus moraux. »

Puisque ce n'est pas à la misère, à quelle cause faut-il donc attribuer cette immoralité toujours croissante ? Nous répondrons, sans hésiter, c'est à une fausse interprétation d'une des libertés de 1791 : Au nom de la liberté religieuse, *l'instruction elle-même a été faite à l'image de l'Etat qui ne professe aucune croyance.*

— Ainsi, sous prétexte de ne rien imposer aux consciences, on ne les nourrit pas.— Pour le jeune homme, pour la jeune fille, qui ont si besoin du Dieu vivant, d'une foi religieuse toujours prête à les consoler, à les nourrir, à les fortifier, — la religion du Christ n'est plus, selon l'expression du Renan, qu'une statue de marbre antique, et le Christ lui-même, un moraliste perdu dans le lointain des âges !

Bacchus et Vénus, au contraire, sont là, en chair et en os, à chaque coin de rue, qui guettent et appellent leurs victimes, qui multiplient leurs piéges et leurs séductions jusqu'au jour où, désarmés, elles tombent en leur pouvoir.

C'est une funeste doctrine, basée sur un faux principe, celle qui enseigne que les gouvernements doivent se désintéresser dans les croyances religieuses des peuples, et n'en point tenir compte dans la confection des lois civiles. — C'est méconnaître une vérité incontestable, démontrée par l'histoire, où nous voyons que les peuples les plus prospères ont toujours eu pour bases de leurs institutions leurs croyances religieuses ; de telle sorte que les lois civiles et la morale en découlaient naturellement. — S'il n'en est pas ainsi, — c'est-à-dire, si l'une des deux lois admet ce que l'autre condamne, — il s'ensuit d'abord une grande hésitation dans les esprits — puis les idées de morale s'émoussent peu à peu et finissent par s'éteindre....

Alors l'égoïsme devient la seule règle de conduite: les hommes se groupent selon que leur intérêt personnel les pousse; de là les luttes qui finissent toujours par renverser les Etats.

De là aussi ces malheureuses populations dont M. *Jules Simon* fait une si navrante description dans son *Ouvrière*, buvant le venin des journaux passionnés, — aigries contre le prêtre qu'elles ne connaissent pas, détestant l'Eglise, qui seule pourrait adoucir leurs maux; irritées contre les riches et contre le pouvoir, avides d'un idéal qu'elles ne trouvent nulle part et qu'elles poursuivent à travers les débauches et les révolutions, usant leur vie, leur santé et leur âme en déceptions, en violences et en tortures de tous genres.

Voilà comment, sous le manteau de la liberté religieuse, l'absence de toute croyance engendre la misère et la corruption.

M. Jules Simon nous a dépeint le mal. — M. Ed. Laboulay, académicien et député, va nous en donner l'explication :

« Au milieu de nos révolutions perpétuelles, dit-il, qu'elle est la plainte générale, — c'est qu'il n'y a plus de conviction. — Notre siècle vit de curiosités, rien n'échappe à ses recherches, — mais il ne croit à rien. — En politique comme en littérature, nous n'avons plus de principes, — il n'y a ni vrai ni faux — tout est possible — tout arrive et rien ne dure, — mobilité perpétuelle — perpétuelle stérilité. — Notre société, raffinée et sceptique, analyse tout et ne peut rien établir. — Elle domine la matière, mais le monde moral lui échappe, et toute sa science ne lui sert qu'à ressentir plus cruellement l'impuissance qui l'énerve.

« Quand les philosophes ne voient dans la religion que des superstitions populaires. — Quand le doute m'environne et me fatigue, — est-ce à une chimère que je sacrifierai mon repos, ma fortune et ma vie ?

« La foi morte, il ne reste debout que l'égoïsme ; otez la foi, tout s'amoindrit, — il n'y a plus dans la Société que des intérêts en guerre, — il faut à tout prix que la force matérielle comprime les convoitises révoltées.

« Comprend-t-on maintenant que la Religion est la plus grande des forces politiques, sinon même le seul fondement des Etats.

« Tandis que la fortune, la naissance, l'esprit même, divisent les hommes — la foi seule les relie.... »

La France est placée aujourd'hui dans cette alternative, ou de retomber dans la barbarie et la servitude païenne, ou de tout rebâtir sur les bases de la civilisation chrétienne, seule capable d'assurer toutes les vraies libertés.

Nous sommes aujourd'hui à l'une de ces heures solennelles où les peuples se renouvellent par une crise violente.

Qui ne voit l'immense travail qui se passe dans les esprits; que de discussions sur les droits et les devoirs — sur les principes sociaux du juste et de l'injuste — le sentiment qu'il y a iniquité, subversion, perversion en tout est universel : chacun sent que la société est hors de ses bases, qu'il faut la reconstituer.

Cette situation ne peut durer, il faut à tout prix que la société sorte de cet état de torpeur et d'angoisses, qui la conduirait infailliblement au tombeau.

Notre scepticisme est si grand, qu'à peine croyons-nous encore en nous-mêmes. — Chez nous, le schisme est usé, le protestantisme est usé — le gallicanisme est usé — les corporations, les aristocraties, sont usées — la foi dynastique et la foi libérale sont usées. — La révolution, elle-même, n'est plus cette jeune déesse dont les charmes et les promesses séduisaient tant de cœurs. — Ce n'est plus qu'une vieille sorcière ridée et décrépite, réduite à de ténébreuses machinations.

« Qu'est-ce donc que la liberté ? » s'écriait Camille Desmoulins, désillusionné par les approches de la mort, à laquelle l'avaient condamné ses anciens complices. — « Ne serait-ce qu'un vain mot ! Non, la liberté — cette liberté descendue du ciel — ce n'est point une nymphe d'opéra, — ce n'est point un bonnet rouge, une chemise sale et des haillons !...

« O mes chers concitoyens, serions-nous donc avilis à ce point de nous prosterner devant de telles divinités !.... »

Convaincus d'impuissance, les principes de 1791 ne sont plus que de vieilles idoles vermoulues — ils auront eu, toutefois, cet avantage en poussant l'erreur à ses extrêmes limites, de ramener les hommes à la vérité................

Maintenant, comment réaliser cet essor et ce triomphe de toutes les vraies libertés ? est-ce à la façon des révolutionnaires et des despotes ? C'est-à-dire par la ruse ou la violence, par la révolte ou par les conspirations ? Non ! c'est au grand jour — par la persuasion — par l'amélioration pacifique, régulière et légale, des constitutions et des gouvernements.

Le triomphe de la justice et de la liberté ne doit être obtenu que par des moyens justes et libres.

Que dire des gouvernements d'aujourd'hui, leur condition est peut être plus digne de compassion que de rigueur.

Obligés de prendre les hommes tels qu'ils sont et de compter avec les idées du moment, subissant leur entourage originel et celui que leur créent sans cesse l'ambition et l'intrigue, ce n'est pas leur faute s'ils sont presque partout réduits à vivre au jour le jour. — Tenus en suspicion par leurs peuples comme par leurs voisins, ils multiplient le nombre de leurs soldats et perfectionnent sans cesse leurs moyens de destruction. — Ils consument en armement insensés leurs ressources les plus claires — leurs hommes les plus vigoureux; comme si, dans chaque pays, la destinée du pouvoir était de dévorer ce qu'il y a de plus pur et de meilleur.

Si déplorable que soit cet état de choses, il devient pourtant de plus en plus nécessaire, parce que toute force morale a disparu et qu'à la place des principes, auxquels personne ne croit plus, il ne reste que des faits ou des convoitises condamnés à s'affirmer ou à vivre par la violence.

Autour des gouvernements inquiets et chancelants, s'agittent les flots tumultueux des passions religieuses, nationales, — politiques et sociales.

A quoi donc faut-il attribuer cette maladie qui mine la société moderne ?

C'est qu'aujourd'hui, depuis les princes et les ministres jusqu'à l'ouvrier aux prises avec son labeur incessant, chacun a soif de justice et de vérité, — chacun remue avec la même ardeur les problèmes de nos destinées, — chacun scrute, jusque dans leurs bases, la religion, la politique et la société. Mais plus on creuse ces questions — plus on s'aperçoit qu'elles sont intimement liées. — Mais, avec la solidarité croissante qui étreint toutes les nations et toutes les âmes, il est permis d'espérer que, du mouvement qui agite les esprits, il en sortira une solution décisive et universelle.

La France, anxieuse, a hâte de sortir de l'état de torpeur où elle languit. Elle est lasse du provisoire. — Elle veut une solution.

Cette tâche incombe à ses représentants....

Nommée en 1870 pour sauver la France envahie, l'Assemblée a déjà rempli la première moitié de son mandat en la délivrant de ses ennemis extérieurs. — Il lui reste maintenant le devoir de la reconstituer — de la faire remonter au rang qu'elle a perdu : but qu'elle ne peut atteindre qu'en lui rendant un gouvernement fondé sur les principes éternels, sans lesquels nulle société n'est durable.

La France peut supputer aujourd'hui ce qu'il lui en aura coûté d'avoir été gouvernée par des utopistes, — des philosophes et des ambitieux. — Il faut reprendre l'œuvre régénératrice commencée par Louis XVI et détournée de son cours par la Révolution. — Sans répudier aucune de ses gloires, sans rejeter les enseignements de l'expérience, il faut renouer la chaîne des temps — accomplir le bien que n'a pas su faire l'Assemblée de 89 — rendue impuissante par la félonie d'une partie de ses membres, parjures à leur mandat.

CONCLUSION

La révolution, en proclamant les droits de l'homme comme
base du nouvel ordre social, en détruisant le principe d'autorité supérieure civile et religieuse, plaçait la souveraineté
dans la multitude, proclamait toutes les libertés illimitées, et reconnaissait à tous les citoyens des droits égaux
« afin d'arriver, disait-elle, au maintien de la constitution
et au bonheur de tous..... »

C'était une illusion généreuse, peut-être, mais pour qu'elle
fût praticable, il eût fallu commencer par rendre tous les
hommes égaux, en force, en intelligence, en moralité,
en richesse, en vertu ; — et comme elle ne pouvait le
faire, — cette illusion devait fatalement aboutir à une déception.

Sans doute, elle eut raison de détruire la réglementation
excessive de l'ancien régime — et par suite de la liberté du
travail; on ne peut contester la vive impulsion que cette se-
cousse violente imprima à l'activité générale et au déve-
loppement de la richesse.

Mais cette liberté illimitée — comme toutes les libertés
sans frein, — devait inévitablement amener le triomphe

des forts, l'oppression et l'exploitation des faibles; — les· pauvres et l'Etat lui-même se trouvèrent à la merci du capital.

La richesse émancipée, n'eût rien de plus pressé que de refuser les services gratuits que, jusque-là, elle avait tenu à honneur de rendre au pays. — En prenant les biens du clergé, elle eut grand soin de laisser aux frais de l'État et partant de la Nation, l'enseignement, la charité, le culte; — moyennant une redevance légère, elle s'exempta du service militaire, auquel jadis elle avait spécialement mission de pourvoir. — Enfin, pour mettre le comble à ses priviléges, la richesse trouva moyen de se soustraire, sous la forme de capital mobilier, à tout impôt et à toute contribution.

Les capitaux concentrés, maîtres du commerce, de l'industrie, et du sol lui-même par l'hypothèque, accumulèrent sans peine, de larges revenus affranchis de toutes charges — le seul service qu'ils consentaient encore à rendre à l'État, c'était de lui avancer, ‚moyennant un large bénéfice, de quoi combler les déficits du présent aux dépens de l'avenir.

Sans cœur et sans patrie, l'argent était toujours prêt à émigrer à la moindre menace. — Encore un pas dans la voie de la spéculation et du libre agiotage. — Encore une conquête sur la superstition d'un autre âge : qu'on vous donne la liberté de l'usure, et, à vous entendre, heureux bourgeois, nous toucherons à l'Eldorado du bien-être! vous c'est possible, — mais vous oubliez que derrière vos lambris dorés et vos riches tentures, il y a tout un peuple sans patrimoine, qui ronge son frein — qui se demande si c'est là le fruit de quatre-vingts ans de révolutions — de sacrifices — de souffrances.

Pourquoi nous dire encore du mal des biens de l'Eglise? vous les avez pris; — des moines? vous les avez chassés; — des corporations? vous les avez dispersées! — mais dites-nous ce que vous avez mis à leur place?

Avez-vous réalisé le bonheur des masses?

Quand vous représentez les rois comme les ennemis de la liberté du peuple — vous mentez à l'histoire — car les rois, en France, ont toujours cherché à améliorer le sort du peuple. — N'est-ce pas à Louis-le-Gros et à son ministre Suger que les communes doivent leur affranchissement, et les municipalités leurs libertés — libertés et franchises dont la révolution, maîtresse du pouvoir, a confisqué une partie au profit de la métropole.

Contre l'oppression des grands et les tyrannies féodales le peuple a toujours trouvé un appui dans la royauté — et par contre, c'est en s'appuyant sur les franchises municipales que la royauté puisait les forces nécessaires à son existence. Dans cette lutte incesante — contre la féodalité — le peuple et la royauté ont donc toujours été solidaires — et c'est là le secret de cette popularité dont la royauté a été si longtemps l'objet et qui était pour elle comme une auréole de gloire. — La tâche de la royauté est-elle finie? — Le peuple est-il si heureux, qu'il n'ait plus besoin d'appui contre un autre genre de féodalité?...

Quand le tiers-état — c'est-à-dire la bourgeoisie, eût renversé la royauté — détruit 80,000 familles nobles et que sur les ruines sanglantes de leurs châteaux, elle eût établi son pouvoir inconté, qu'a-t-elle fait pour ce même peuple, qui l'avait aidé dans son œuvre de destruction? — a-t-elle tenu ses promesses? — qu'est-ce que le peuple a gagné à changer de maître?

On a détruit le privilége de la naissance, mais on lui a substitué le privilége de l'or — la fortune ne donne-t-elle pas aujourd'hui, à ses heureux possesseurs, au moins autant de droits que la noblesse en avait autrefois? — L'aristocratie d'argent ne remplace-t-elle pas l'aristocratie de naissance avec des abus plus grands encore, parce qu'elle a en moins la grandeur et la générosité?

Les faveurs du monopole sont-elles moins écrasantes que les priviléges d'autrefois. Obéissant à une loi contraire à celle des liquides, les richesses tendent à s'accumuler dans un cercle restreint ; l'or attire l'or — les grands capitaux absorbent toutes les petites industries. — Entre le travailleur et le capitaliste l'abîme se creuse de plus en plus et rend une catastrophe inévitable. — Car ce ne sont pas ceux qui profitent des abus qui sont aptes à les corriger. — Il n'y a qu'un pouvoir supérieur, qui, faisant cause commune avec le peuple, soit assez fort pour lutter contre l'aristocratie financière, — comme jadis il a dû lutter contre la tyrannie féodale. — La royauté n'est une menace que pour les exploiteurs privilégiés du peuple. Aussi, pour maintenir leurs priviléges et leurs abus, ils cherchent à ameuter le peuple, qu'ils égarent, contre la seule puissance capable d'améliorer son sort — et de reconstituer la société en la réformant.

Mais qu'ils y prennent garde, car s'ils avaient le malheur de réussir, — au lieu d'un réformateur pacifique, c'est un peuple irrité qu'ils auront à subir !....

Le pauvre est las d'être pauvre, parce qu'en effet elle est odieuse, cette pauvreté sans foi et sans espérances !.... et quand le riche, affolé de terreur, voudra transiger, — le pauvre lui répondra, comme dans le poëte :

« Ce que je veux de toi, c'est le sang de tes veines, »

et s'il ne peut avoir l'égalité dans la richesse, il s'en consolera en faisant l'égalité dans la misère....

En supprimant le respect de la religion et du pouvoir, vous avez détruit le seul contre-poids qui pouvait maintenir l'équilibre entre le pauvre et le riche, la seule force morale qui pouvait établir la véritable égalité entre le fort et le faible.

Loin de détruire le prolétariat, la révolution l'a créé, — l'attrait croissant qui détache l'homme de la terre et de la charue pour l'entasser dans les villes, l'augmente tous les jours. — Pour embellir vos cités, le nombre des prolétaires s'est accru de trois millions depuis vingt ans.

Le mal est donc progressif — il mérite qu'on s'en préoccupe sérieusement.

Donner à un peuple toutes les libertés illimitées et sans frein, c'est mettre le loup et l'agneau côte à côte, sur le même rang, sans protection, — le résultat ne se fera pas attendre longtemps. — Qui dit liberté illimitée, dit usage de toutes les forces humaines, triomphe du plus audacieux et du plus habile, — ruine des petits et oppression des faibles.

Machines, vapeur, télégraphe, crédit — toutes les inventions nouvelles —·tous les progrès de la science, ne sont que des engins de domination aux mains de la féodalité financière qui en a le monopole.

Voilà le résultat des principes subversifs de 1791 !

Tandis que les principes de 1789, — les seuls vraiment légitimes et tutélaires, — tout en proclamant les mêmes libertés, avaient conservé les seules forces morales, capables d'en assurer les bienfaits et d'en réprimer les abus.

Mais pour que les principes de 89 puissent recevoir leur application, il faut que le gouvernement ait les mêmes bases que celles sur lesquelles l'autorité reposait alors : *la légitimité et la religion.* Or, celui-là seul qui représente ces principes peut seul en assurer les bienfaits.

— Voilà pourquoi Henri V est nécessaire.

Henri V sur le trône, c'est le principe chrétien civilisateur qui reprend ses droits avec toutes ses conséquences : le rétablissement de l'ordre social ramènera l'ordre et le calme dans les esprits, — la moralité dans les affaires, — la confiance dans l'avenir, — le bien-être dans les populations, la sécurité dans les familles. — Car il faut le proclamer bien haut : la légitimité du trône fait la légitimité du champ.

Faites cela, Messieurs les Députés, et vous aurez mérité la reconnaissance de l'humanité toute entière....

Mais, disent les trembleurs, les indécis et les équilibristes entre le vrai et le faux, la violence et le droit ; — les inventeurs d'un juste milieu entre le bien et le mal, le juste et l'injuste, l'erreur et la vérité, — un pareil retour à l'ordre est sans doute désirable, — mais peut-il s'effectuer sans soulever les violentes colères des ambitieux déçus, — sans déchaîner les passions de tous ceux qui ne voient dans les convulsions sociales qu'une occasion de parvenir aux emplois et à la fortune.

Les ennemis du dehors ne viendront-ils pas s'unir aux ennemis du dedans pour s'opposer à tout ce qui peut rendre à la France sa force et sa grandeur ?

Déjà cette appréhension n'a-t-elle pas réuni dans une touchante étreinte les spoliateurs du Pape et les spoliateurs de la France ?....

Sans nier cette union probable de tous les ennemis de la France, nous croyons qu'il ne faut pas s'exagérer le danger ; — ils sont moins nombreux qu'on se l'imagine. — C'est la faiblesse seule des bons qui fait la force méchants !....

— Que les honnêtes gens osent vouloir, sans perdre leur temps en de vains discours; car, ainsi que l'a dit Pascal :

« Toutes les lumières de la vérité ne peuvent rien pour arrêter la violence des passions et ne fait que les irriter encore plus.

— Mais la violence n'a qu'un cours borné, au lieu que la vérité subsiste éternellement et triomphe enfin de ses ennemis, parce qu'elle est éternelle et puissante comme Dieu même. »

TABLE

1668. — Boulogne (Seine). — Imp. JULES BOYER et Cᵒ.